Impressum

Aschendorff Verlag GmbH & Co. KG
Soester Straße 13
48155 Münster
www.aschendorff-buchverlag.de

Idee, Konzept, Gestaltung:
Lisa Nieschlag + Lars Wentrup
Büro für Gestaltung
Geisbergweg 8
48143 Münster
www.nieschlag-und-wentrup.de

Fotografie:
Julia Cawley
www.juliacawley.com

Lisa Nieschlag
(Seite 6 or., 8/9, 28, 46, 48, 52, 54, 77, 82, 87, 88)

Illustrationen:
Lars Wentrup

Text:
Karen Hüning
www.einfach-gesagt.de

Lektorat:
Alexa & Susan Nieschlag

Food Styling:
Lisa Nieschlag & Julia Cawley

Meeta K. Wolff
(Seiten 26, 33, 40, 56, 67, 98, 103)

www.anni-kocht.de

1. Auflage
© 2012 Aschendorff Verlag GmbH & Co. KG, Münster

Printed in Germany

ISBN 978-3-402-12991-3

PEFC zertifiziert
Dieses Produkt stammt aus
nachhaltig bewirtschafteten
Wäldern und kontrollierten Quellen.

PEFC/04-31-0810   www.pefc.de

Lisa Nieschlag · Lars Wentrup

Anni kocht
für Kinder

mit Fotos von Julia Cawley

Aschendorff
Verlag

Kochen für Kinder

Mein drittes Kochbuch liegt mir besonders am Herzen. Ich liebe nämlich Kinder, müssen Sie wissen. Sie sind ehrlich, direkt und noch so unvoreingenommen. Darum habe ich sofort zugesagt, mir Rezepte für die kleinen Naschkatzen einfallen zu lassen. Ich wollte ihnen doch mal auf den Zahn fühlen und ihre Geschmacksnerven testen. Worauf achten Kinder beim Essen, habe ich mich gefragt. Auf Gerüche, auf Farben? Wie kriege ich die Kleinen dazu, Neues zu probieren? Der erste Schritt ist bekanntlich der Schwerste. Denn haben sie erst einmal angebissen, klappt der Rest von ganz allein.

Was soll ich Ihnen sagen, es war ein voller Erfolg. Der Löffel wurde zum Schaufelbagger – so hat meine Kinder-Küchencrew gefuttert. Und das nicht nur bei den süßen Sachen! Richtige Feinschmecker sind sie geworden. Auch bei Herzhaftem oder Gemüse wurde der Teller blitzeblank geschleckt. Einfach gut hat es ihnen geschmeckt.

Anni, kochst Du jetzt immer für uns, haben die Kinder mich danach gefragt. Das hat mich richtig gerührt und war für mich eine schönere Auszeichnung als jeder Michelin-Stern. Was ich den Kindern geantwortet habe? Dass sie mich gar nicht mehr brauchen, denn sie können die Rezepte jetzt ja einfach mit Mama, Papa, Oma, Opa oder den älteren Geschwistern nachkochen.

Viel Spaß dabei!
Eure Anni

Inhalt

Lecker & Gesund

Warum ein Kochbuch mit speziellen Rezepten für Kinder, werden Sie vielleicht fragen. Essen und Trinken haben einen großen Einfluss auf Entwicklung, Wohlbefinden und Gesundheit von Kindern. Gleichzeitig werden im Kindesalter Vorlieben, Abneigungen und Einstellungen zum Essen für das ganze Leben geprägt. Auch der Geschmack entwickelt sich in jungen Jahren.

Unsere Essgewohnheiten haben sich in den letzten 20 Jahren sehr verändert. Wir essen immer weniger selbst zubereitete Speisen, dafür mehr Fertiggerichte und Fast Food, essen immer seltener zu festen Mahlzeiten und „snacken" immer häufiger nebenbei und zwischendurch. Damit geht eine Verschlechterung der ernährungsphysiologischen Qualität unserer Durchschnittskost einher. Sie ist zu kalorienreich, enthält viele ungesunde Fette und zu viel Zucker. Die Folgen sind offensichtlich: Immer mehr Menschen werden übergewichtig und leiden an Diabetes oder anderen ernährungsabhängigen Erkrankungen. Gerade auch bei Kindern steigen die Raten dramatisch an. Rund 15 Prozent der deutschen Kinder und Jugendlichen sind übergewichtig, davon ein Drittel bereits fettleibig.

Für diese alarmierende Entwicklung gibt es viele Gründe. Eine wichtige Ursache, die leider viel zu wenig beachtet wird, liegt darin, dass Geschmackswahrnehmung und Genussfähigkeit von Kindern stetig abnehmen. Damit sich ein vielfältiges Geschmacksvermögen entwickeln kann, braucht es im Kindesalter abwechslungsreiche und verschiedenartige Geschmacksreize. Je öfter Kinder Fertigprodukte und Fast Food essen, desto mehr gewöhnen sie sich an den durch Aromastoffe und Geschmacksverstärker geprägten, recht einseitigen Geschmack. Die geschmackliche Vielfalt von frischen, natürlichen Lebensmitteln lernen sie häufig gar nicht mehr kennen und schätzen. Und diese Vorlieben für kalorien-, fett- und zuckerreiche, industriell verarbeitete Produkte werden dann ein Leben lang beibehalten.

Das ist umso bedauerlicher, da Kinder, auch wenn sie nicht alles mögen, grundsätzlich eine natürliche Neugier und Freude daran haben, neue Lebensmittel und Speisen auszuprobieren. Ebenso schätzen Kinder durchaus Mahlzeiten mit der Familie: sie bedeuten Gemeinschaft, Gemütlichkeit und Gespräche. Kinder bringen also alle Voraussetzungen für eine ausgeprägte Geschmacks- und Genussfähigkeit mit, man muss sie nur fördern. Denn es sind gerade die Freude an genussreichem Essen, ein bewusster und wertschätzender Umgang mit Lebensmitteln und eine Kost mit frischen, wenig verarbeiteten naturbelassenen Lebensmitteln, die zu einer gesünderen Ernährung führen.

„Anni kocht für Kinder" zeigt Ihnen, wie es funktioniert. Sie finden vielfältige und originelle Rezepte von Frühstücksideen über Gemüse-, Fleisch- und Nudelgerichte bis zu Süßspeisen und Gebäck. Alle sind einfach und mit wenig Zeitaufwand zuzubereiten, gelingen also auch Ungeübten. Sie haben nicht nur die „Geschmacksprobe" durch kritische kleine (und große) Testesser überzeugend bestanden, sondern schneiden auch aus ernährungsphysiologischer Sicht bestens ab. Die Gerichte bestehen aus frischen Zutaten, sind ausgewogen, haben eine gute Fettqualität, enthalten nicht zu viel Zucker und sorgen für eine ausreichende Versorgung mit Vitaminen und Mineralstoffen. Wenn Sie Gemüse- und Obstgerichte entsprechend der Saison und mit Produkten aus der Region bzw. Bioprodukten zubereiten, haben Sie die beste Garantie für einen optimalen Geschmack.

Das Buch stellt zudem Alternativen für viele bei Kindern beliebte Fertigprodukte vor wie Tomatenketchup, Kartoffelecken oder Muffins vor. Die selbstgemachten Varianten schmecken mindestens ebenso lecker und punkten außerdem mit ihrer besseren Nährstoffzusammensetzung.

Natürlich sollen Ihre Kinder nicht alleine essen, daher sind die meisten Rezepte für vier Personen mit unterschiedlichen Portionsgrößen berechnet. Die Rezepte lassen sich aber leicht durch entsprechende Veränderungen der Zutatenmengen auf eine andere Personenzahl anpassen. Manches lässt sich auch gut auf Vorrat herstellen, wie zum Beispiel Müsli und Gebäck. Deshalb sind hier die Rezeptmengen entsprechend größer.

Ich wünsche Ihnen und Ihren Kindern viel Freude beim Ausprobieren der Rezepte und gemeinsamen Genießen!

Ihre Ursel Wahrburg

Dr. Ursel Wahrburg, Professorin für Ernährungswissenschaft am Fachbereich Oecotrophologie · Facility Management der Fachhochschule Münster

FRÜHSTÜCK

Knusper-Müsli

Den Backofen auf 150 Grad Umluft vorheizen. Das Wasser in einen Topf geben, Zucker unterrühren und aufkochen. So lange rühren, bis sich der Zucker vollständig aufgelöst hat. Rapsöl und Ahornsirup unterrühren.

In einer großen Schüssel die Haferflocken mit den Cornflakes und Mandeln mischen. Zimt und Salz dazugeben. Die Zuckermischung nach und nach zu den trockenen Zutaten geben, bis alles gut vermengt ist.

Zwei Bleche mit Backpapier auslegen und die Mischung darauf gleichmäßig verteilen. Beide Bleche in den Ofen geben und backen, bis das Müsli knusprig ist. Dabei oft wenden und gut aufpassen, damit es nicht anbrennt; gegebenenfalls die Temperatur etwas verringern. Aus dem Ofen nehmen, vollständig abkühlen lassen und in einem luftdichten Gefäß aufbewahren.

Ergibt 600 g

250 ml Wasser
85 g Rohrohrzucker
5 El Rapsöl
3 El Ahornsirup
400 g Haferflocken
85 g ungesüßte Cornflakes
50 g gehobelte Mandeln
1/2 Tl Zimt
1 Prise Salz

Pfannküchlein mit Bananen-Joghurt

4 Portionen

1 Banane
200 g Natur-Joghurt
1 Tl Zucker
1 Ei
200 ml Milch
125 g Mehl
1 Tl Backpulver
1 El Zucker
Prise Salz
etwas Butter

Die Banane schälen und in einer Schüssel mit der Gabel zerkleinern. Joghurt hinzufügen, vermischen und einen Teelöffel Zucker darunter rühren.

Für die Pfannkuchen das Ei und die Milch in eine Schüssel geben. Das Mehl mit dem Backpulver vermischen, zum Teig dazugeben und kräftig verrühren, bis sich Luftblasen bilden. Einen Esslöffel Zucker und eine Prise Salz unterrühren.

Den Ofen auf 50 Grad erwärmen.

Eine große Pfanne erhitzen und etwas Butter darin schmelzen. Mit einer kleinen Schöpfkelle etwas Teig in die heiße Pfanne geben und mehrere kleine Pfannkuchen gießen. So lange braten, bis sich Blasen auf der Oberseite bilden, dann wenden. Die Unterseite braten und die fertigen Pfannkuchen zum Warmhalten in den Ofen geben. Auf diese Art alle Pfannküchlein backen. Noch warm mit dem Bananen-Joghurt servieren.

Frucht-Smoothies

Ergibt:
2 Gläser Erdbeer-Smoothie und
2 Gläser Blaubeer-Smoothie

1 Glas frische Erdbeeren
1 Glas frische Blaubeeren
2 Bananen
4 El Natur-Joghurt
8 El Haferflocken
4 El ganze Mandeln
2 Gläser Milch
2 El Honig oder Ahornsirup

Erdbeer-Smoothie:
Die Beeren waschen, bei den Erdbeeren die grünen Stiele und Blätter entfernen. Die Erdbeeren mit der geschälten Banane, zwei Esslöffeln Joghurt, vier Esslöffeln Haferflocken, zwei Esslöffeln Mandeln und einem Glas Milch im Standmixer pürieren. Nach Geschmack mit Honig oder Ahornsirup süßen.

Blaubeer-Smoothie:
Für den Blaubeer-Smoothie mit der anderen Hälfte der Zutaten genauso verfahren.

Hier können je nach Geschmack auch andere Obstsorten der Saison verwendet werden.

Armer Ritter mit Blaubeeren & Banane

2 Portionen

1/2 Banane
50 g Blaubeeren
1 Ei
2 EL Milch
1 EL Zucker
2 Scheiben Weißbrot
2 TL Butter
150 g Vanille-Joghurt
Puderzucker

Die Banane schälen und Stücke in eine kleine Schüssel schneiden. Die Blaubeeren waschen und abtropfen, einen Esslöffel beiseite stellen. Mit einer Gabel die restlichen Blaubeeren mit der Banane zerdrücken.

In einem tiefen Teller das Ei mit der Milch verquirlen. Den Zucker hinzufügen. Die beiden Brotscheiben von beiden Seiten in die Ei-Milch tunken. Überschüssiges abtropfen lassen und die Scheiben auf einen Teller legen. Das Fruchtmus auf die Mitte einer Brotscheibe geben, den Rand freilassen. Die zweite Scheibe daraufgeben und fest andrücken.

In einer Pfanne Butter schmelzen. Die beiden Brotscheiben in die heiße Pfanne geben und bei niedriger Temperatur anbraten. Am besten eine kleine Schüssel umgekehrt auf die obere Brotscheibe legen, damit sie nicht abhebt. Wenn die untere Scheibe goldbraun ist, wenden und von der anderen Seite langsam anbraten. Aus der Pfanne nehmen, mit Vanille-Joghurt und den Blaubeeren servieren. Wenn gewünscht, mit Puderzucker bestäuben.

UNTERWEGS

Pausenbrot
mit Möhrensaft

Die Vollkornbrotscheiben auf ein Brett legen und dünn mit Senf bestreichen. Den Käse und das Hähnchenbrustfilet jeweils auf zwei Hälften verteilen. Die Gurke waschen und in Längsscheiben schneiden. Auf die Brote legen und mit Kresse bestreuen. Zwei Brotscheiben daraufklappen, fest zusammendrücken und die Brote in Butterbrotpapier einwickeln. Die Brote mit einem scharfen Messer durchschneiden.

Für den Möhrensaft die Möhren schälen und in groben Scheiben in den Standmixer schneiden. Die Banane schälen und ebenfalls hineingeben. Mit Orangensaft auffüllen, zwei Teelöffel Honig dazugeben. Alles kräftig pürieren und in kleine Flaschen füllen.

Pausenbrote:
für 2 Brote

4 Scheiben Vollkornbrot
Senf
4 Scheiben Gouda
4 Scheiben Hähnchenbrustfilet
als Aufschnitt
1/2 Salatgurke
etwas Kresse

Möhrensaft:
für 2 Personen

2 Möhren
1 Banane
275 ml Orangensaft
2 Tl Honig

Picknick-Brot

Ergibt ein Brot

300 g Weizenmehl
200 g Roggenmehl
1 1/2 Päckchen Trockenhefe
1 Tl Salz
1 El Zucker
300 ml lauwarmes Wasser
etwa 10 getrocknete
in Öl eingelegte Tomaten
4 Scheiben Kochschinken
1 Mozzarella-Käse
(100 g Abtropfgewicht)
Olivenöl

Weizen- und Roggenmehl mit der Trockenhefe vermischen. Salz und Zucker hinzufügen. Das lauwarme Wasser dazugeben. Erst mit den Knethaken und anschließend mit den Händen etwa 4 Minuten kräftig kneten, bis die Mischung nicht mehr klebt und ein elastischer Teig entsteht.

Den Teig mit etwas Mehl bestäuben, in eine Schüssel geben und diese mit Frischhaltefolie verschließen. An einem warmen Ort 30 Minuten gehen lassen, bis sich das Volumen verdoppelt.

Die getrockneten Tomaten und den Schinken in Stücke schneiden.

Den Teig nun aus der Schüssel nehmen und nochmals kräftig durchkneten. Auf einer bemehlten Arbeitsfläche zu einem Rechteck ausrollen, das so groß wie das Backblech sein sollte. Den Teig anschließend auf ein mit Backpapier ausgelegtes Blech legen.

Tomaten und Schinken auf dem Teig verteilen. Den Mozzarella-Käse in kleine Stücke reißen, ebenfalls auf den Teig geben und mit etwas Olivenöl beträufeln. Den Teig nun von der Längsseite aufrollen, zu einem Kranz zusammenlegen, mit einem Tuch abdecken und nochmals 15 Minuten gehen lassen.

Den Backofen auf 180 Grad vorheizen. Das Brot in den Ofen geben und 30 Minuten backen.

Brokkoli-Ecken

Für den Quark-Öl-Teig den Quark in einem Sieb eine Viertelstunde gut abtropfen lassen und anschließend in eine Schüssel geben. Öl, Salz und das Ei dazugeben, alles mit den Quirlen des Handrührgeräts glatt rühren. Das Mehl mit dem Backpulver mischen, auf die Quarkmasse sieben und alles verrühren. Die krümelige Masse kurz mit den Händen durchkneten und zu einer Kugel formen. In Frischhaltefolie einschlagen und 30 Minuten im Kühlschrank kalt stellen.

Die Brokkoliröschen vom Strunk entfernen, waschen und in kleine Stücke schneiden. Den Brokkoli in etwas Wasser 3 bis 4 Minuten dünsten, abtropfen und abkühlen lassen.

Den Speck in einer Pfanne auslassen, bis er knusprig ist, und in kleine Stücke brechen.

Frischkäse mit den Brokkolistückchen vermischen, Käse und Bacon hinzufügen, salzen und pfeffern.

Den Backofen auf 180 Grad vorheizen.

Den Teig auf einer bemehlten Arbeitsfläche dünn ausrollen. Kleine Kleckse der Brokkolimischung auf den Teig geben. Dreiecke rund herum ausschneiden, die Ecken hochklappen und die Kanten zusammendrücken. Auf ein mit Backpapier ausgelegtes Blech legen, mit dem verquirlten Eigelb bestreichen. In den Ofen geben und 25 bis 30 Minuten backen.

Etwa 18 Stück

Quark-Öl-Teig:
125 g Magerquark
5 El Rapsöl
1/4 Tl Salz
1 Ei
250 g Mehl
1/2 Tl Backpulver

Füllung:
1 kleiner Brokkoli
5 Streifen Frühstücksspeck
50 g geriebener Emmentaler
100 g Frischkäse
Salz
Pfeffer
1 Eigelb

GEMÜSE

Orangen-Möhren-Suppe

Möhren und Kartoffeln schälen, waschen und klein schneiden. Zwiebel schälen und würfeln. Das Öl in einem Topf erhitzen und die Zwiebel andünsten, bis sie glasig ist. Die Möhren und Kartoffeln hinzufügen und ein paar Minuten mitdünsten. Mit Gemüsebrühe und Orangensaft aufgießen und aufkochen lassen. Zugedeckt bei mittlerer Hitze 25 Minuten köcheln.

Alles fein pürieren und die Sahne unterrühren. Mit den Gewürzen abschmecken und eine Prise Zucker dazugeben.

Die lustigen Punkte auf der Suppe kann man mit kleinen Klecksen aus saurer Sahne oder Crème fraîche herstellen.

4 Portionen

500 g Möhren
2 Kartoffeln
1 Zwiebel
2 El Rapsöl
400 ml Gemüsebrühe
150 ml Orangensaft
100 ml Sahne
etwas Paprikapulver
Thymian
Salz
Pfeffer
Prise Zucker

Gurkensalat mit Radieschen

4 Portionen

1 Salatgurke (etwa 500 g)
250 g Radieschen (etwa 8 Stück)
1 Bund Dill
30 g Sonnenblumenkerne
150 g Vollmilch-Joghurt
Saft einer Zitrone
Salz
Pfeffer
Prise Zucker

Die Gurke waschen, die Enden entfernen und in dünne Scheiben schneiden. Die Radieschen waschen, putzen und ebenfalls in dünne Spalten schneiden. Dill waschen und fein hacken. Die Sonnenblumenkerne in einer Pfanne ohne Fett leicht rösten. Joghurt und Zitronensaft verrühren, mit Salz, Pfeffer und einer Prise Zucker abschmecken und den gehackten Dill unterrühren. Die Gurkenscheiben und Radieschen mischen, den Joghurt darauf verteilen und alles gut verrühren; mit Sonnenblumenkernen bestreuen.

Bunter Salat

Für 4 Personen

200 g Möhren
5 El Olivenöl
Prise Zucker
1/2 Beet Kresse
200 g Eichblattsalat
1 Rote Beete (vorgekocht)
2 El Zitronensaft
30 g Kürbiskerne
Salz
Pfeffer

Die Möhren schälen und in Stifte schneiden. Drei Esslöffel Olivenöl in einer Pfanne erhitzen. Möhren hineingeben und mit einer Prise Zucker bestreuen. Bei mittlerer Hitze kurz andünsten, salzen und 100 ml Wasser zugeben. Zugedeckt bei kleiner Hitze etwa 10 Minuten dünsten, bis die Möhren bissfest sind.

Kresse vom Beet schneiden. Eichblattsalat putzen, waschen, trocken schleudern und in kleine Stücke schneiden. Die Rote Beete würfeln und zusammen mit der Kresse unter den Salat heben.

Für das Dressing den Sud der Möhren abgießen und auffangen. Anschließend den Sud mit dem Zitronensaft, Salz und Pfeffer verrühren und das restliche Olivenöl darunter mischen.

Die Kürbiskerne mit etwas Öl in einer Pfanne rösten, bis sie knusprig sind.

Die Möhren abkühlen lassen, mit den Kürbiskernen unter den Salat heben und das Dressing darüberträufeln.

Spinat-Omelette

Den Spinat waschen, trocken tupfen und in kleine Stücke schneiden. Den Backofen auf 175 Grad vorheizen. Ein Blech mit hohem Rand mit Backpapier auslegen, dabei das Papier etwas über die Ränder des Bleches überstehen lassen und mit etwas Öl einpinseln.

In einer Schüssel die Milch mit dem Mehl vermischen. Eier, Senf, Salz und Pfeffer hinzufügen und gut verrühren. Auf das Backblech gießen und den Spinat gleichmäßig darüberstreuen. Im Ofen 10 bis 12 Minuten backen, bis die Ränder des Omelettes stocken. Mit dem Käse bestreuen und so lange weiterbacken, bis der Käse geschmolzen ist.

Das Blech aus dem Ofen nehmen und an der kurzen Seite anfangen, das Omelette wie einen Strudel aufzurollen; dabei das Backpapier abziehen. In Scheiben schneiden und servieren.

4 Portionen

200 g frischer Spinat
1 El Rapsöl
125 ml Milch
40 g Mehl
4 Eier
1 Tl Senf
1/2 Tl Salz
Pfeffer
75 g geriebener Käse

Kürbis-Kartoffel-Püree

Den Kürbis waschen, entkernen und mit der Schale in grobe Würfel schneiden. Die Kartoffeln schälen und ebenfalls würfeln. Alles in einen Topf geben, mit Wasser auffüllen, einen Teelöffel Salz hinzufügen und zugedeckt etwa 15 Minuten kochen.

Wenn die Kartoffel- und Kürbisstücke weich sind, das Wasser abgießen und mit einem Kartoffelstampfer oder einer Gabel zerdrücken. Je nach Geschmack kann die Mischung aber auch fein püriert werden. Milch, Butter und geriebenen Käse unterrühren, mit Salz, Pfeffer und Muskatnuss abschmecken.

4 Portionen

500 g Hokkaido-Kürbis
400 g Kartoffeln
125 ml Milch
1 El Butter
30 g geriebener Käse
Salz
Pfeffer
1 Prise Muskatnuss

Apfelmus

Die Äpfel schälen, vierteln und das Kerngehäuse entfernen. Die Apfelstücke in einen großen Topf geben, Zucker, Apfelsaft und den Saft der halben Zitrone dazugeben. Einen Deckel auf den Topf geben und aufkochen. Dann bei schwacher Hitze 8 bis 10 Minuten köcheln lassen, bis die Äpfel weich sind. Anschließend mit einem Kartoffelstampfer oder einer Gabel grob zerdrücken. Je nach Geschmack kann das Apfelmus aber auch fein püriert werden.

4 Portionen

1 1/4 kg säuerliche Äpfel
3 El Zucker
150 ml Apfelsaft
1/2 Zitrone

Möhren-Polenta-Auflauf

Polenta ist ein feiner Grieß aus getrockneten Maiskörnern, der einen leicht süßlichen Eigengeschmack hat. Polenta gibt es in verschiedenen Mahl-Graden. Es empfiehlt sich, Maisgrieß mittlerer Mahlstärke zu verwenden.

Möhren schälen und waschen. Die Zwiebel sehr fein würfeln und im Olivenöl in einer großen Pfanne langsam andünsten, bis sie beginnen braun zu werden. Die Möhren dazugeben und mit ein paar Esslöffeln Gemüsebrühe ablöschen. Einen Deckel auf die Pfanne geben und bei niedriger Hitze 10 bis 12 Minuten dünsten.

Die restliche Gemüsebrühe mit der Milch in einen Topf geben und aufkochen lassen. Die Polenta unter ständigem Rühren hineinrieseln lassen und kräftig rühren, damit sich keine Klumpen bilden. Den Topf vom Herd nehmen und einige Minuten nachquellen lassen.

Den Backofen auf 180 Grad vorheizen. Den Frischkäse mit 50 g geriebenem Käse unter die Polenta rühren. Mit Salz und Pfeffer würzen. Die Eier in einer kleinen Schale verquirlen und ebenfalls mit der Polenta vermengen. Eine große Springform oder mehrere kleine ofenfeste Formen einfetten und die Masse hineingeben. Die Möhren mit den Zwiebeln darauf verteilen und leicht eindrücken. Den restlichen Käse darauf verteilen, im Backofen 20 bis 25 Minuten goldgelb backen.

4 Portionen

400 g junge, kleine Möhren
1 Zwiebel
2 EL Olivenöl
1/2 l Gemüsebrühe
1/4 l Milch
250 g Polenta
125 g Frischkäse
2 Eier
Salz
Pfeffer
125 g geriebener Käse

Erbsen-Pfannküchlein

Für den Dip Quark und Joghurt vermischen, die Thymian-blättchen vom Stängel streifen, die Basilikumblätter fein hacken und unter den Quark rühren. Mit Salz und Pfeffer abschmecken.

Die tiefgefrorenen Erbsen in einen kleinen Topf mit kochen-dem, leicht gesalzenem Wasser geben und etwa 5 Minuten köcheln. Das Wasser abgießen und die Erbsen mit einem Pürierstab grob pürieren. Die Butter dazugeben und verrüh-ren. Die Erbsen abkühlen lassen, bis sie nur noch lauwarm sind, die Eier darunter rühren. Mehl und Parmesan dazu-geben und mit etwas Salz würzen.

Etwas Öl in einer großen Pfanne erhitzen und kleine Teig-kleckse hineingeben. Wenn die Teigmasse stockt, die Pfann-kuchen wenden und goldgelb braten. Zum Warmhalten die Pfannkuchen in den leicht erwärmten Backofen (50 Grad) stellen, bis alle Pfannkuchen fertig gebraten sind.

Etwa 12 Stück

Pfannküchlein:
180 g Erbsen (tiefgefroren)
15 g Butter
3 Eier
4 EL Mehl
3 EL geriebener Parmesankäse
Salz
Rapsöl

Dip:
5 EL Quark
5 EL Natur-Joghurt
1 Stängel Thymian
5 Blatt Basilikum
Salz
Pfeffer

Ahoi!

Eine Seefahrt,
die ist lustig ...

Ahoi!

Zucchini-Schiffe

Den Backofen auf 180 Grad vorheizen. Zucchini abspülen, die Enden abschneiden und längs halbieren. Mit einem Löffel soviel Fruchtfleisch herauslösen, dass kleine Zucchini-Schiffe entstehen. Das herausgelöste Fruchtfleisch in kleine Stücke schneiden. Die Tomatenstücke aus der Dose in eine kleine Schüssel löffeln, dabei nicht den ganzen Tomatensaft benutzen, da sonst die Sauce zu flüssig wird. Den Mais hinzufügen und mit Thymian, Zucker, Salz und Pfeffer abschmecken. Das Zucchini-Fruchtfleisch dazugeben und alles verrühren.

Die Zucchini-Schiffe mit Öl einpinseln und mit der Tomaten-Mais-Mischung befüllen. Die restliche Sauce in eine ofenfeste Auflaufform füllen und die Zucchini-Schiffe darauflegen. Die Schiffe mit dem geriebenen Käse bestreuen und für 45 bis 50 Minuten in den vorgeheizten Backofen geben.

4 Portionen

2 kleine Zucchini
1 Dose gestückelte Tomaten
(Abtropfgwicht 240 g)
1/2 Dose Mais (etwa 145 g)
1 Tl getrockneter Thymian
1 Tl Zucker
Salz
Pfeffer
2 El Rapsöl
25 g geriebener Käse

Tomaten-Ketchup

In herkömmlichem Ketchup stecken pro 100 g Ketchup im Durchschnitt etwa 20 g Zucker!
Das entspricht bei einer Flasche gekauftem Ketchup (500 ml) etwa 7 Esslöffeln Zucker.
Das hausgemachte Tomaten-Ketchup kommt bei 500 ml mit 1,5 Esslöffeln Zucker aus.
Da spricht doch vieles dafür, sich etwas Zeit für die Herstellung zu nehmen!

Tomaten auf der Unterseite kreuzweise einritzen. Für ein paar Sekunden in kochendes Wasser geben, bis die Haut anfängt einzureißen. Die Haut abziehen, den Strunk und die Kerne entfernen und das Fruchtfleisch in kleine Stücke schneiden. Die Gemüsezwiebel kleinschneiden. In einem großen Topf Olivenöl erhitzen, die Zwiebel darin glasig dünsten und die Tomaten dazugeben. Gemüsebrühe und passierte Tomaten hinzugießen. Zucker, zerstoßene Gewürznelken, Paprikapulver und Muskatnuss unterrühren. Mit Salz und Pfeffer würzen. Bei kleiner Hitze etwa 45 Minuten köcheln lassen.

Alles in einen Standmixer füllen und fein pürieren. Zurück in den Topf geben, das Tomatenmark untermischen und mindestens 90 Minuten lang weiterkochen. Dabei nach und nach den Aceto Balsamico einrühren.

Einige Einmachgläser heiß ausspülen und das heiße Ketchup einfüllen. Die Gläser verschrauben und sofort auf den Kopf stellen. Abkühlen lassen. Kühl gelagert hält selbst zubereitetes Ketchup etwa ein Jahr.

Ergibt etwa 1 l

1 kg Tomaten
1 Gemüsezwiebel
1 EL Olivenöl
1/4 l Gemüsebrühe
1/4 l passierte Tomaten
3 EL Zucker
2 zerstoßene Gewürznelken
1 Prise Paprikapulver
1 Prise Muskatnuss
Salz
Pfeffer
8 EL Tomatenmark
8 EL dunkler Aceto Balsamico

Kartoffel-Ecken

Diese Kartoffel-Ecken sind sehr leicht zuzubereiten und passen einfach zu allem: Hähnchen, Fisch oder einfach nur so. Einmal probiert, kommen bestimmt keine tiefgefrorenen Pommes frites mehr auf den Tisch!

Kartoffeln waschen, alle unschönen Stellen herausschneiden und längs in Spalten schneiden. In einem großen Topf Wasser salzen und zum Kochen bringen. Die Kartoffeln hinzu geben und 8 Minuten kochen lassen.

In der Zwischenzeit den Backofen auf 180 Grad vorheizen. Danach die Spalten in ein Sieb geben, kurz abtropfen lassen und in eine ofenfeste Form schichten. Mit etwa 2 Esslöffeln Olivenöl beträufeln. Alles gut durchmischen, etwas salzen und im Ofen etwa 60 Minuten backen, bis die Kartoffeln schön knusprig sind.

4 Portionen

800 g Kartoffeln
Salz
2 El Olivenöl

FLEISCH

Hackbällchen in zwei Varianten

Das Hackfleisch in eine Schüssel geben, Semmelbrösel, Senf, Salz, Pfeffer und Kräuter hinzufügen. Alles mit der Hand gut durchkneten. Die Hackfleischmasse teilen und unter die eine Hälfte den Mais mischen. Daraus etwa zehn kleine Kugeln formen. Aus der anderen Hälfte des Fleisches ebenfalls zehn Kugeln formen und jeweils in die Mitte einen kleinen Würfel Schafskäse drücken. Die Kugeln verschließen, so dass der Käse nicht zu sehen ist.

Eine Pfanne mit Öl erhitzen und die Hackbällchen hineingeben. Rundherum braun anbraten. Eventuell einen Deckel auf die Pfanne geben, die Temperatur herunterschalten und kurz mit Deckel weiterbraten, damit das Fleisch innen gar wird.

Dazu schmecken die Kartoffel-Ecken oder das Kürbis-Kartoffel-Püree.

Etwa 20 Stück

450 g Hackfleisch vom Rind
50 g Semmelbrösel
1 Tl Senf
1/2 Tl Salz
Pfeffer
1 El Kräuter
(z.B. Kräuter der Provence)
3 El Mais
35 g Schafskäse
(10 kleine Würfel)
1 El Rapsöl

Putenschnitzel auf Tomatensauce

Für 4 Portionen

1 Zwiebel
2 Knoblauchzehen
5 El Olivenöl
2 El Zucker
1–2 El Balsamico-Essig
1 El Tomatenmark
2 Dosen gestückelte Tomaten
(je 400 g)
Salz
Pfeffer
4 Putensteaks (à ca. 125 g)
1 Mozzarella (100 g Abtropfgewicht)
einige Blättchen Basilikum

Die Zwiebel und den Knoblauch schälen und in feine Würfel schneiden. In einer großen Pfanne mit drei Esslöffeln Öl glasig dünsten. Mit dem Zucker bestreuen und karamellisieren lassen, mit Essig ablöschen. Das Tomatenmark und die gestückelten Tomaten hinzufügen, 10 Minuten köcheln lassen, anschließend mit Salz und Pfeffer abschmecken.

Die Putensteaks abwaschen und trockentupfen. In kleine Stücke schneiden, mit Salz und Pfeffer würzen. Das restliche Öl in einer Pfanne erhitzen und die Putenstücke darin goldbraun braten.

Den Grill des Backofens anstellen. Die Tomatensauce in eine große Form oder in mehrere Förmchen geben, das Putenfleisch darauf verteilen. Den Mozzarella in Scheiben schneiden und auf das Fleisch legen. Salzen und pfeffern. Formen unter den Grill schieben, bis der Käse schmilzt. Mit gehacktem Basilikum dekorieren.

Dazu schmecken Reis, Nudeln oder die selbstgemachten Kartoffel-Ecken.

Schnitzel
in zwei Varianten

Die Schnitzel waschen, trockentupfen und einzeln zwischen zwei Lagen Frischhaltefolie legen. Mit der Unterseite eines Topfes die Schnitzel dünn klopfen. Mit Salz und Pfeffer würzen. In einer Schale die Eier mit der Sahne verquirlen. In zwei weiteren Schalen die Semmelbrösel und die Cornflakes geben, letztere etwas mit der Hand zerbröseln. Ein Schnitzel in Mehl wenden, das überschüssige Mehl abschütteln und anschließend durch die verquirlten Eier ziehen. Etwas abtropfen lassen. Als letztes das Schnitzel entweder in Semmelbröseln oder Cornflakes wenden. Jeweils zwei Schnitzel mit Semmelbröseln und zwei mit Cornflakes panieren.

Butterschmalz in einer großen Pfanne erhitzen und zwei Schnitzel hineingeben, ausbacken bis sie goldgelb sind. Die Schnitzel auf Küchenpapier abtropfen lassen und im Ofen bei etwa 50 Grad warmhalten, bis die restlichen Schnitzel fertig sind.

4 Portionen

4 dünne Schnitzel
(à ca. 125 g, Kalb,
Schwein oder Pute)
2 Eier
6 El Sahne
etwa 8 El Mehl
etwa 150 g Semmelbrösel
etwa 150 g Cornflakes
Salz
Pfeffer
Butterschmalz zum Braten

FISCH

Fisch-Kartoffelauflauf

Die Kabeljaufilets abwaschen, trockentupfen und etwas zerkleinern. Die Zwiebel häuten und in kleine Stücke schneiden. Das Öl in eine Pfanne geben und die Zwiebel darin glasig dünsten, anschließend die Fischstücke hineingeben und kurz mitbraten.

Die Haut der Tomaten kreuzweise einschneiden. Einen kleinen Topf mit Wasser zum Kochen bringen, die Tomaten kurz hineinlegen, bis die Haut einreißt. Herausnehmen, kurz kalt abspülen und anschließend die Haut abziehen. Den Strunk entfernen, das Tomatenfleisch in kleine Stücke schneiden und zum Fisch in die Pfanne geben, 10 Minuten köcheln lassen. Den Majoran hinzufügen und die Hälfte des geriebenen Käses unterrühren. Mit Salz und Pfeffer würzen.

Die Kartoffeln schälen und in Salzwasser 10 bis 15 Minuten kochen. Das Wasser abgießen. Die Kartoffeln mit einem Kartoffelstampfer zerkleinern. Milch und Butter dazugeben, nach Geschmack salzen. Den Backofen auf 180 Grad vorheizen.

Eine große Form oder mehrere Förmchen buttern. Dann schichtweise zuerst etwas Kartoffelbrei, dann die Tomatensauce mit dem Fisch und als Abschluß wieder eine Schicht Kartoffelbrei in den Formen verteilen. Das Eigelb mit der Milch verquirlen und auf dem Kartoffelbrei verteilen. Mit einer Gabel Muster ziehen. Die andere Hälfte des Käses darüber streuen. Im Ofen etwa 30 Minuten backen, bis sich der Auflauf goldgelb färbt.

Für 4 Personen

500 g Kabeljaufilet
1 Zwiebel
4 EL Öl
4 Tomaten
1 EL getrockneter Majoran
Salz
Pfeffer
1 kg Kartoffeln
300 ml Milch
1 EL Butter
1 TL Salz
50–75 g geriebener Käse
1 Eigelb
2 EL Milch

Brokkoli-Fischauflauf

Für 4 Personen

300 g Brokkoli-Röschen
375 ml Gemüsebrühe
300 g Erbsen (tiefgefroren)
1 gehäufter EL Mehl
100 ml Sahne
1 Eigelb
500 g Kabeljaufilet
2 El Zitronensaft
Salz
Pfeffer
30 g geriebener Käse

Brokkoli unter fließendem Wasser putzen, den Strunk entfernen und in Röschen teilen. Die Gemüsebrühe aufkochen, den Brokkoli hineingeben und zugedeckt etwa 7 Minuten dünsten. Ab und zu umrühren. Die Erbsen ebenfalls in den Topf geben und 2 bis 3 Minuten mitkochen. Das Gemüse mit einem Schaumlöffel aus dem Topf nehmen, abtropfen lassen, in eine große oder mehrere kleine Auflaufformen füllen. Die Brühe wieder aufkochen, einen gehäuften Esslöffel Mehl unter kräftigem Rühren dazugeben und die Sahne einrühren. Einige Minuten köcheln lassen und mit Salz abschmecken. Den Topf vom Herd nehmen, kurz abkühlen lassen und dann das Eigelb unterziehen.

Den Backofen auf 200 Grad vorheizen. Den Fisch waschen, trockentupfen, in vier Stücke schneiden und auf das Gemüse legen. Mit Zitronensaft beträufeln, salzen und pfeffern. Die Soße darübergießen und mit geriebenem Käse bestreuen. Im heißen Backofen 20 bis 25 Minuten backen.

PASTA

Farfalle mit Erbsen, Schinken und Rucola

4 Portionen

400 g Farfalle Nudeln
250 g Erbsen
3 Scheiben Kochschinken
1 El Öl
150 ml Sahne
Salz
Pfeffer
50 g Rucola
geriebener Parmesankäse

Einen großen Topf Wasser zum Kochen bringen. Etwas Salz hinzufügen und die Nudeln darin nach Packungsanweisung kochen. Zwei Minuten vor dem Ende der Garzeit die Erbsen hinzufügen und mitkochen. Abgießen und beiseite stellen.

Den Schinken in Stücke schneiden und in einer großen Pfanne mit Öl anbraten. Die Sahne dazugießen, etwas köcheln lassen und mit Salz und Pfeffer abschmecken. Die Nudeln und Erbsen hinzufügen und alles vermengen. Den Rucola waschen, trockentupfen und in kleine Stücke reißen. Die Nudeln auf Tellern verteilen, Rucola hinzugeben und mit geriebenem Parmesankäse bestreuen.

Ricotta-Gnocchi

Ricotta, Ei, die Hälfte des Parmesans mit Salz und Pfeffer in einer Schüssel verrühren. Das Mehl über die Mischung sieben und mit einem Holzlöffel verrühren, bis ein lockerer Teig entsteht. Die Hände bemehlen und den Teig in 6 Teile teilen. Auf einer bemehlten Arbeitsfläche vorsichtig etwa 20 cm lange und 2 cm dicke Rollen formen, dabei wenig Druck ausüben. Dann die Rolle etwas plattdrücken und mit einem Messer Stücke abschneiden. So weiter verfahren, bis der gesamte Teig zu kleinen Gnocchis verarbeitet ist.

In einem großen Topf Wasser mit etwas Salz zum Kochen bringen. Vorsichtig die Gnocchi hineingeben, immer nur etwa 10 Stück auf einmal. Wenn die Gnocchi oben schwimmen (etwa nach 3 bis 4 Minuten), diese mit einer Schaumkelle aus dem Wasser holen und beiseite stellen.

Wenn alle Gnocchi gar sind, Butter in einer Pfanne erhitzen, Gnocchi darin bräunen und die Tomatenwürfel hinzufügen. Etwa 5 Minuten braten, dabei mehrmals umrühren. Mit Salz und Pfeffer würzen. Mit dem restlichen geriebenen Parmesan sofort servieren.

für 4 Personen

1 Ei
400 g Ricotta-Käse
40 g Parmesan, fein gerieben
1 Tl Salz
Pfeffer
160 g Mehl
6 Tl Butter
3–4 Tomaten, gewürfelt

Ricotta wird statt der sonst üblichen Kartoffeln benutzt, was die Herstellung viel einfacher und den Teig schön locker macht.

Nudel-Strudel

3 bis 4 Portionen

1 große Stange Lauch
1 El Öl
3 Scheiben gekochter Schinken
200 ml Sahne
150 ml Milch
1/2 Rolle (250 g) Nudelteig
(aus dem Kühlregal)
6 El Schmand
50 g geriebener Käse
Salz
Pfeffer
1 Prise Muskatnuss

Den Lauch putzen, waschen und in Ringe schneiden. Den Schinken zerkleinern. In einer Pfanne das Öl erhitzen und den Lauch darin etwa 5 Minuten andünsten. 4 Esslöffel Sahne und die Hälfte des geriebenen Käses zum Lauch geben und verrühren. Mit Salz, Pfeffer und Muskatnuss würzen.

Den Ofen auf 175 Grad vorheizen. Eine längliche Auflaufform mit hohem Rand mit Butter einfetten. Den Nudelteig entrollen und halbieren. Die andere Hälfte des Teiges für einen späteren Gebrauch beiseite stellen (s. Tipp unten). Auf dem Teig den Schmand verteilen, dabei die Ränder etwa 1 cm freilassen. Darauf gleichmäßig den gedünsteten Lauch und den Schinken geben. Die Teigplatte von der kurzen Seite aufrollen.

Die übrige Sahne mit der Milch verrühren und eine Prise Salz hinzufügen. Die Nudelrolle in die Form legen und mit der Sahne begießen. Die Form in den Ofen geben und insgesamt etwa 45 Minuten backen. Währenddessen immer wieder mit der heißen Sahne begießen und nach etwa 15 Minuten den Strudel umdrehen. Wieder begießen und etwa 10 Minuten vor Ende der Garzeit den restlichen Käse darüberstreuen. Weiterbacken bis der Strudel goldbraun ist.

Aus der anderen Teighälfte lässt sich ein schnelles Nudelgericht zaubern. Zum Beispiel könnten Sie das Farfalle-Rezept (S. 72) auch mit dem in Streifen geschnittenen Teig zubereiten – vorher laut Packungsanweisung kochen!

Herzhaft & Süß

BACKEN

Bunte Paprika-Pizza

Für zwei Pizzen

Teig:
300 g Weizenmehl
100 g Roggenmehl
1 Päckchen Trockenhefe
250 ml lauwarmes Wasser
2 Tl Salz
2 El Rapsöl

Tomatensauce:
1 El Rapsöl
1 Knoblauchzehe
einige Blätter Basilikum
1 Dose gestückelte Tomaten
(400g)
Salz und Pfeffer

Belag:
Jeweils eine grüne, gelbe
und rote Paprika
75 g geriebener
Mozarellla-Käse
1 El Olivenöl
Salz und Pfeffer

Weizen- und Roggenmehl in eine Schüssel geben, mit der Trockenhefe und dem Salz vermischen. Lauwarmes Wasser und Öl dazugeben. Mit den Knethaken des Handrührers so lange kneten, bis ein glatter Teig entsteht. Die Schüssel mit Frischhaltefolie abdecken und an einem warmen Ort etwa eine Stunde gehen lassen.

Für die Tomatensauce das Öl in einer Pfanne erhitzen, den Knoblauch schälen, klein schneiden und kurz anbraten. Die Basilikumblätter dazugeben. Wenn der Knoblauch anfängt Farbe zu bekommen, werden die Tomaten in die Pfanne gegeben. Mit Salz und Pfeffer würzen und 20 Minuten auf kleiner Flamme köcheln lassen.

Den Teig noch einmal durchkneten und in zwei Hälften teilen. Auf einer bemehlten Fläche aus dem Teig zwei Pizzen ausrollen. Zwei Backbleche mit Backpapier auslegen und den Teig darauf legen. Nochmals kurz gehen lassen.

Den Backofen auf 200 Grad vorheizen. Für den Belag die Paprika waschen, Kerngehäuse entfernen und in Streifen schneiden. Die beiden Pizzen mit der Tomatensauce bestreichen, den Käse darauf verteilen und mit den Paprikastreifen belegen, Öl beträufeln und abschließend mit Salz und Pfeffer würzen.

Die Pizzen in den Backofen schieben und backen, bis sie goldbraun und knusprig sind.

Belegen kann man die Pizza auch mit Champignons, Mais, Tomaten, Schinken ...

Heißer Hund

Die beiden Mehlsorten mit der Hefe, dem Zucker und dem Salz in eine Schüssel geben. Das lauwarme Wasser dazu gießen und mit den Knethaken des Handrührers so lange vermengen, bis sich eine Teigkugel formt. Den Teig mit Frischhaltefolie abdecken und an einem warmen Ort etwa 30 Minuten gehen lassen, bis er deutlich größer ist.

Nach dem Gehen den Teig auf einer bemehlten Oberfläche nochmal kräftig durchkneten und daraus sechs gleich große Kugeln formen. Aus den Kugeln dann mit einem scharfen Messer die Hundeform wie abgebildet ausschneiden. Die Rosinen als Augen und Nase in den Teig drücken. Die „Hunde" auf ein mit Backpapier belegtes Blech legen und nochmals 15 Minuten gehen lassen.

Den Backofen auf 180 Grad vorheizen. Das Eigelb verquirlen und mit einem Pinsel dünn auf den Teig streichen. In den vorgeheizten Ofen schieben und 20 bis 25 Minuten backen, bis die „Hunde" goldgelb sind.

Nachdem die „Hunde" etwas abgekühlt sind, das Maul mit einem scharfen Messer öffnen, ggf. etwas Brot herausschneiden. Anschließend die Öffnung mit Senf bestreichen und das Würstchen im Maul platzieren.

6 Stück

600 g Weizenmehl
100 g Vollkorn-Weizenmehl
2 Päckchen Trockenhefe
1 Prise Zucker
1 Tl Salz
425 ml lauwarmes Wasser
18 Rosinen
1 Eigelb
6 Bockwürstchen
Senf

Dinkel-Spatzen

Ergibt etwa 75 Kekse

150 g Butter
75 g brauner Zucker
1 Ei
250 g Dinkelmehl
1 TL Backpulver
1 TL Zimt
1 Prise Salz
1 Eigelb zum Bestreichen

Die Butter mit dem Zucker schaumig rühren und das Ei hinzufügen. Das Mehl mit dem Backpulver mischen und anschließend nach und nach unter die Buttermasse sieben. Den Zimt und das Salz ebenfalls hinzufügen und alles zu einem gleichmäßigen Teig verkneten. In Frischhaltefolie einschlagen und mindestens 45 Minuten im Kühlschrank ruhen lassen.

Den Backofen auf 180 Grad vorheizen. Den Teig auf einer bemehlten Arbeitsfläche ausrollen und Spatzen oder andere Formen ausstechen. Die Spatzen auf ein mit Backpapier ausgelegtes Blech legen und mit dem verquirlten Eigelb bepinseln. Das Kekse für 12 Minuten in den Ofen geben, bis sie goldgelb sind.

Marmeladen-Muffins

12 Stück

250 ml Buttermilch
100 ml Rapsöl
2 Eier
250 g Mehl
2 1/2 Tl Backpulver
115 g Zucker
1 Päckchen Vanillezucker
Prise Salz
12 Tl Erdbeermarmelade

Den Backofen auf 180 Grad vorheizen. In einer Schüssel Buttermilch, Öl und die Eier mit einer Gabel verquirlen. In einer anderen Schüssel das Mehl mit dem Backpulver mischen, dann Zucker, Vanillezucker und Salz hinzufügen.

Die Buttermilchmischung zu der Mehlmischung geben und alles gut verrühren. Das Muffinblech mit Backpapierförmchen auskleiden, zu zwei Dritteln mit dem Teig befüllen und darauf einen Löffel Erdbeermarmelade geben. Darüber noch etwas Teig setzen, bis die Marmelade nicht mehr zu sehen ist. Im vorgeheizten Backofen für etwa 25 Minuten goldgelb backen.

Erdbeer-
Marmelade

Beeren-Muffins

Etwa 3 Esslöffel Haferflocken zurückhalten. Den Backofen auf 180 Grad vorheizen. Frische Beeren waschen und trockentupfen. Einen Esslöffel Zucker darüberstreuen, vermischen und beiseite stellen. Bei tiefgefrorenen Beeren nur mit dem Zucker vermischen.

Dinkelmehl, Backpulver, Haferflocken, Zucker, Vanillezucker und die Prise Salz in einer Schüssel vermischen. In einer zweiten Schüssel Joghurt mit den Eiern und dem Öl verrühren. Die trockenen Zutaten langsam unter die Joghurt-Mischung geben und mit den Quirlen eines Handrührers vermischen.

Muffinförmchen aus Papier in die Form geben und den Teig einfüllen. Die Beeren darauf verteilen, danach die restlichen Haferflocken darüberstreuen und im Backofen 25 bis 30 Minuten backen.

12 Stück

125 g Beerenmischung
(Johannis-, Blau- oder
Himbeeren), frisch oder
tiefgefroren
1 El Zucker
200 g Dinkelmehl
2 Tl Backpulver
50 g Haferflocken
115 g brauner Zucker
1 Päckchen Vanillezucker
Salz
200 g Joghurt
2 Eier
3 El Rapsöl

Hefeteig-Igel

Etwa 16 Stück

400 g Mehl
1 Würfel frische Hefe
60 g Zucker
1/2 Tl Salz
75 g Butter
250 ml Milch
1/2 Tasse Rosinen
1/2 Tasse Mandelstifte
1 Eigelb

Die frische Hefe in eine Schale mit dem Zucker bröseln und so lange rühren, bis sie sich vermengt haben und eine flüssige Masse bilden. Den Hefe-Brei in eine Schüssel mit dem Mehl geben und verrühren. Salz hinzugeben.

Die Butter in einer kleinen Pfanne schmelzen (nicht braun werden lassen), vom Herd nehmen und die Milch unterrühren. Die Butter-Milch zum Mehl geben und mit dem Knethaken zu einem geschmeidigen Teig verkneten. Anschließend den Teig zugedeckt an einem warmen Ort gehen lassen, bis er sich sichtbar vergrößert hat.

Den Teig noch einmal gründlich durchkneten, 16 kleine Kugeln abnehmen und daraus keilförmige Brötchen formen. Mit einem spitzen Gegenstand kleine Löcher für die Augen stechen und zwei Rosinen hineindrücken. Ein Blech mit Backpapier auslegen und die Igel darauf setzen. Das Eigelb verquirlen und die Igel damit bepinseln. Die Mandelstifte als Stacheln in die Igel drücken und noch einmal kurz gehen lassen.

Den Backofen auf 200 Grad vorheizen und die Igel etwa 10 Minuten backen, bis sie goldgelb sind.

SÜSSSPEISEN

Buttermilchwaffeln mit Himbeer-Kompott

8 Portionen

Kompott:
200 g Himbeeren
(frisch oder tiefgefroren)
1/4 l Apfelsaft
3 El Zucker
4 El Stärke

Waffeln:
100 g Butter
115 g Zucker
Salz
3 Eier
225 ml zimmerwarme
Buttermilch
250 g Mehl
1 Tl Backpulver

etwas Butter für das
Waffeleisen

Für das Himbeer-Kompott 4 bis 5 Esslöffel Apfelsaft mit der Stärke glattrühren. Den restlichen Saft mit den Himbeeren und dem Zucker in einem kleinen Topf kurz aufkochen. Löffelweise die aufgelöste Stärke einrühren und nochmals kurz aufkochen lassen.

Butter, Zucker und eine Prise Salz mit den Quirlen des Handrührgerätes verrühren, bis die Masse cremig ist. Die Eier und die zimmerwarme Buttermilch dazugeben. Das Mehl mit dem Backpulver mischen und nach und nach unterrühren. Das Waffeleisen aufheizen und mit wenig Butter einfetten. Den Teig einfüllen und die Waffeln goldgelb backen.

Ideal für Kindergeburtstage: Waffeln am Stiel. Dafür gibt es spezielle Waffeleisen, in die man einen Holzstiel einlegen kann, der mitgebacken wird.

Kirsch-Quarkauflauf

Den Backofen auf 180 Grad vorheizen. Die Kirschen in ein Sieb geben und abtropfen lassen. In einer Rührschüssel die Eier und den Magerquark mit den Quirlen des Handrühr- gerätes vermengen. Die Butter schmelzen, mit dem Zucker und dem Vanille-Puddingpulver unter die Quark-Ei-Masse rühren.

Eine Auflaufform buttern. Die Brotscheiben in kleine Stücke reißen und auf den Boden der Form verteilen. Die abgetropf- ten Kirschen auf dem Brot verteilen. Darauf die Quark-Ei- Masse gießen und auf mittlerer Schiene im Backofen etwa 60 bis 70 Minuten backen. Falls die Oberseite zu dunkel wird, mit Alufolie abdecken und weiterbacken. Mit Puder- zucker bestäuben und warm servieren.

Für eine Auflaufform

*1 großes Glas Kirschen
(Abtropfgewicht 350 g)
3 Eier
400 g Magerquark
2 El Butter
75 g Zucker
1 Päckchen Vanille-Puddingpulver
2–3 Scheiben altbackener Stuten
oder Weißbrot
Puderzucker*

Gratinierter Milchreis mit frischen Erdbeeren

Die Vanilleschote längs aufschneiden und das Mark mit einem spitzen Messer herauskratzen. Die Milch aufkochen. Reis, eine Prise Salz, zwei Teelöffel Zucker, Vanillemark und Vanilleschote zufügen. Bei schwacher Hitze unter gelegentlichem Rühren 35 bis 40 Minuten quellen lassen. Die Vanilleschote herausnehmen und den Milchreis etwas abkühlen lassen.

In der Zwischenzeit die Erdbeeren waschen, putzen und trocken tupfen. Erdbeeren kleinschneiden und mit einem Esslöffel Zucker mischen.

Die Früchte in vier kleine, ofenfeste Formen verteilen und den Milchreis einfüllen. Jeweils mit einem Esslöffel Zucker bestreuen und mit einem Flambierer goldbraun karamellisieren.

4 Portionen

1 Vanilleschote
1/2 l Milch
100 g Milchreis
Salz
2 Tl Zucker
250 g Erdbeeren
5 El Zucker

NACHTISCH

Quarkcreme

Für 4 Personen

200 g Quark
200 g Natur-Joghurt
4 Tl Zucker
Saft einer Zitrone
1 große Pflaume
etwa 60 g Brombeeren
(oder 16 Stück)
Ungesalzene Pistazien

Die Pflaume waschen, in kleine Stücke schneiden und in einer kleinen Schale mit einem Teelöffel Zucker mischen. Quark, Natur-Joghurt und drei Teelöffel Zucker in eine Schüssel geben und vermengen. Die Zitrone auspressen und dazugeben. Brombeeren waschen und trocken tupfen.

Vier Gläser bereit stellen und schichtweise die Quarkcreme mit den Pflaumen und Beeren hineingeben. Die Pistazien grob hacken und zum Schluss auf die Quarkcreme streuen.

Statt der Pflaumen und Brombeeren kann man auch gut Früchte der Saison verwenden: Himbeeren, Aprikosen, Pfirsiche, Nektarinen …

Bananen-Beeren-Eis

Für 6 bis 8 Eis am Stiel

80 g Blaubeeren
80 g Himbeeren
1/2 Banane
2 Becher Natur-Joghurt
(à 150 g)
3 TL Ahornsirup

Im Standmixer die Beeren mit der Banane und einem Tee-löffel Ahornsirup fein pürieren. In einer kleinen Schüssel den Joghurt mit zwei Teelöffeln Ahornsirup verrühren.

Den Joghurt zu einem Drittel in die Eisformen füllen und in jede Eisform einen Holzstiel stecken. In den Gefrierschrank stellen und anfrieren lassen. Wenn der Joghurt fest ist, die Formen mit dem Beerenpüree auffüllen und wieder in den Gefrierschrank geben, bis das Eis gefroren ist.

Obstsalat

Die Banane in Scheiben schneiden, die Blaubeeren waschen. Die Erdbeeren ebenfalls waschen und in kleine Stückchen schneiden. Die Melone in Scheiben schneiden, entkernen und dann mit kleinen Backförmchen Formen ausstechen. Alles mischen, einen Spritzer Zitronensaft hinzufügen und möglichst bald servieren.

für 4 Personen

1 Banane
1 Handvoll Blaubeeren
1 Handvoll Erdbeeren
1/4 Wassermelone
ein Spritzer Zitronensaft

Dazu schmecken gehackte Mandeln,
kurz in der Pfanne geröstet, ganz besonders gut.

Register

Danke

An Julia, mit der auch das dritte Kochbuch genauso viel Freude machte wie die ersten beiden!

An Silke Haunfelder und Dr. Burkhard Beyer vom Aschendorff Verlag, die auch dieses Kochbuch möglich machten.

An Frau Prof. Ursel Wahrburg für ihre professionelle Unterstützung bei allen Fragen rund um die Ernährung.

An unsere Models Selma, Sarah, Sophie, Pauline, Frederik, Hannah, Konstantin, Rebecca, Alexa, Linus, Jonathan und Andreas, mit denen das Buch so lebendig wurde. An ihre Eltern Susa & Christian, Gudrun & Christoph, Gundula & Hubert, Annett & Jürgen, Uta & Daniel und Melissa, die die weiteste Anreise hatte.
An Anne für ihre tolle Assistenz bei den Fotoshootings. An Friederike, Felix, Susan und Isabel für's Testkochen und Beisteuern von Rezepten. An Familie Schräder für die Nutzung ihrer wunderschönen Gärtnerei. An Dore für die Leihgaben des herrlich alten Spielzeuges und an Uwe für seinen Nostalgiebus. And to Meeta for giving us more insights into food styling.

An Jan Eismann von Kösters für die großzügigen Leihgaben von Porzellan und Küchenutensilien, an Jürgen Budke von MUKK für das Leihen von Spielsachen und an Ulrike Meintrup und Michael Radau vom SuperBioMarkt für ihre Unterstützung.

Danke auch an Karen, die sich textlich so gut in „Anni" einfühlen kann.
An Susan und Alexa für ihren Einsatz in allen Korrekturschleifen.

Und natürlich an Friederike und Michael, die uns auch beim dritten Buch großartig beiseite standen.